PROCÈS

DES

SAINT-SIMONIENS.

On demande comment ce Paul (de Samosate)
put réussir à former une secte avec son
détestable galimathias ? Nous répondons
que sans ce galimathias même il n'aurait
jamais réussi auprès des fous qu'il gouver-
nait.

(VOLTAIRE, *Philosophie*, tom. III , p. 49.)

*Omne regnum divisum contra se desola-
bitur ; et omnis civitas vel domus divisa
contra se, non stabit.*

(Ev. *Math.* XII , 25.)

PROCÈS

DES

SAINT-SIMONIENS.

MM. *Enfantin, Michel Chevalier et Isaac Pereire,
contre M. Olinde Rodrigues. — Origine, formation
et régime de la société saint-simonienne.— Procuration donnée à M. Olinde Rodrigues. — Acte de
l'association financière des saint-simoniens. — Emprunt. — Appel du père Rodrigues aux bourses et
aux intelligences saint-simoniennes.—Aveux du père
Bazard.—Correspondance financière du père Bouffard et autres missionnaires de la société.—Divisions
intérieures. — Doctrine du père Enfantin sur les
femmes et le divorce. — Doctrine opposée du père
Bazard.—Protestations de ce père et du père Rodrigues contre la promiscuité des femmes. — Révoca-
tion de ce dernier par le père suprême.—Embarras
pécuniaires de la société.—Apposition des scellés. —
Réponses de M. Michel Chevalier au juge-de-paix.
— Rapport au père suprême sur la situation financière
de l'association.— Cris de détresse. — Allocution de
M. Michel Chevalier devant le Tribunal.*

M⁰ Delangle, avocat de MM. Enfantin, Michel Chevalier et Isaac Pereire, expose en fait que M. Olinde

Rodrigues a été chargé d'une procuration générale pour gérer les affaires des Saints-Simoniens; mais que, par suite de circonstances particulières et de désaccords survenus dans la société, cette procuration a été révoquée. Cependant M. Olinde Rodrigues a cru devoir faire apposer les scellés sur le local occupé par les saint-simoniens, et notamment sur leur bibliothèque, en vertu d'une ordonnance de M. le président du Tribunal. Le prétexte de cette apposition de scellés a été que le sieur Olinde Rodrigues était associé de MM. Enfantin et consorts. Cette assertion, qui a trompé le magistrat auprès duquel l'apposition était requise, est inexacte. MM. Enfantin, Michel Chevalier et Pereire, ont donc demandé la main-levée des scellés apposés à leur domicile.

De son côté, M. Olinde Rodrigues a fait plus; il a, par une demande reconventionnelle, requis que la société fût dissoute et mise en liquidation.

Cet état de choses a de graves conséquences; car il entrave la marche de la société, peut compromettre même la publication du *Globe*, et porter un grand préjudice matériel et moral à MM. les saints-simoniens.

C'est donc sur cette double demande que le Tribunal a à statuer : 1° Y a-t-il société, et par suite lieu à dissolution et à nomination d'un liquidateur? 2° Doit-on faire main-levée des scellés ?

En fait, Me Delangle soutient qu'il n'y a pas société. Il prétend que la procuration donnée à M. Olinde Rodrigues suffit pour le démontrer; car la qualité de mandataire est exclusive de celle d'associé.

En droit, il pose en principe que toute société doit être prouvée par écrit, et qu'ici aucun acte social n'est produit à l'appui des prétentions de M. Olinde Rodrigues.

« D'ailleurs, poursuit-il, quel serait le caractère de cette société?

»Est-ce une société religieuse? Elle serait nulle comme n'étant pas autorisée.

» Est-ce une société commerciale en nom collectif? Elle serait également nulle parce qu'on n'a point observé les formalités prescrites pour sa validité par le Code de commerce. Et puis le Tribunal ne serait point compétent pour en connaître; il faudrait renvoyer devant arbitres-juges nommés par le Tribunal de commerce.

» Est-ce une société en participation? même incompétence.

»Enfin, est-ce une société civile? Au-delà de 150 fr. elle ne peut être prouvée que par écrit. Telle est la disposition formelle de l'art. 1834 du Code civil.

» Ainsi, il n'y a point société, ni en fait , ni légalement parlant ; dès lors point de droit en la personne de M. Rodrigues pour demander , soit une apposition de scellés, soit une mise en liquidation de la société.

» Cependant, il est une objection qui pourra être faite. On dira que M. Olinde Rodrigues a contracté un emprunt pour compte de la société, qu'il a pris des engagemens, et qu'il a droit à une garantie. Cela est vrai; mais les saints-simoniens ne nient pas cette obligation de garantir leur mandataire. Déjà plusieurs des obligations contractées par M. Olinde-Rodrigues sont remboursées ou converties en créances sur la société seulement : les autres le seront également, et ce n'est que dans le cas où il serait poursuivi, que naîtrait pour lui le droit d'intenter une action en garantie. Mais il n'en aura pas besoin; il le sait mieux que personne, et c'est par pure tracasserie qu'il a demandé une apposition de scellés, qui n'a été permise que dans la croyance du juge à une société qui n'existe pas: Aujourd'hui que la vérité est connue, il doit être fait main-levée de ce scellé indûment apposé, et M. Olinde Rodrigues aura à regretter un mauvais procédé envers une société dont il a fait partie. »

Mᵉ Dupin jeune, défenseur de M. Ōlinde Rodrigues, se lève aussitôt, et réplique en ces termes :

« Messieurs, ce n'est pas sans quelque crainte que je viens combattre le *Père suprême* d'une religion qui doit renouveler la face du monde. Cependant je me sens un peu enhardi, quand je pense que c'est aussi pour un *Père* de cette religion que je vais porter la parole en cette enceinte. Je suis même tout à fait rassuré, quand je réfléchis qu'il s'agit ici d'une question de droit et non des théories ou des dogmes de la doctrine saint-simonienne; car je n'ai pas besoin sans doute de vous dire que ce n'est point cette doctrine que je viens défendre devant vous , et qu'à cet égard il n'y a aucune solidarité entre le défenseur et le client. C'est sous cette réserve bien entendue de mon indépendance en ce point , que j'ai accepté la mission que je vais remplir.

» Toutefois , il est des choses qu'il est nécessaire de savoir pour l'intelligence de ce procès , et que vous n'apprendrez peut-être pas sans quelque intérêt.

» Ainsi, comme il s'agit de juger quels étaient les rapports de M. Olinde Rodrigues avec les membres et avec le chef de la société saint-simonienne, il est bon de connaître l'origine, la formation, le régime de cette société, et les orages qui ont éclaté dans son sein.

» Saint-Simon, dont le nom devait acquérir une si grande célébrité, trouva un beau jour que le christianisme se faisait vieux, que la morale évangélique à laquelle on s'était assez généralement accordé à rendre hommage, n'était plus à la hauteur de la civilisation moderne, et qu'une main réformatrice devait élever un nouvel édifice sur les ruines d'un passé qui n'avait plus de valeur.

» Il déposa ses pensées dans divers écrits, et notamment dans celui qu'il intitula *Nouveau Christianisme*, et dans la fameuse *parabole* pour laquelle on eut le tort de l'appeler à la Cour d'assises en 1820.

» Olinde Rodrigues, jeune homme d'une imagination vive, et dont les études furent marquées par de brillans succès, avait vécu dans l'intimité de Saint-Simon ; il avait été initié à toutes ses idées, à tous ses rêves d'avenir, et il reçut, en lui fermant les yeux, la mission de continuer son œuvre.

» A cet effet il devint possesseur et propriétaire des précieux écrits du maître. Quand je dis *propriétaire*, je sais que j'emploie une idée mal sonnante aux oreilles de mes adversaires ; je sais qu'ils s'indignent à l'idée qu'un disciple de Saint-Simon parle de propriété, alors que la destruction de la propriété individuelle est le grand but de la doctrine. Mais je les ai prévenus que ma voix est toute profane. Je parle ici ce langage trivial du monde et des lois, dont on n'a pas encore effacé les mots hérétiques de propriétaire et de propriété.

» C'est en 1825 que Saint-Simon quitta cette terre pour aller s'asseoir au rang des dieux !...

» De 1825 à 1826, on essaya de propager ses idées. Telle fut la mission du journal appelé *le Producteur*. Mais ce journal ne parvint jamais à réunir plus de 100 à 120 abonnés payans ; il ne put vivre une année entière.

» Privé d'organes, le saint-simonisme demeura renfermé dans l'étroite enceinte de quelques sociétés particulières et secrètes, où l'on entretenait le feu sacré.

» Mais la révolution de 1830, donnant à toute idée,

doctrine, ou secte, la faculté de se produire librement, les saint-simoniens (tel était leur nom), crurent le moment venu de faire leur apparition solennelle sur la scène du monde.

» Ils eurent leur organisation hiérarchique, leur temple, leurs prédications, ce qu'ils appellent leur culte, et bientôt même leur organe officiel ; car, dans ce siècle de publicité toute puissance doit avoir son journal ; c'est l'imprimerie qui est la reine du monde.

» Au milieu de ce mouvement nouveau, deux hommes contribuèrent puissamment à la propagation de la doctrine, par des talens que je suis loin de méconnaître. Ces deux hommes sont MM. Bazard et Enfantin, l'un, penseur hardi, écrivain distingué, sachant porter de la clarté au milieu des déductions les plus abstraites ; l'autre plus nuageux, plus métaphysique, et s'enveloppant dans une sorte de mysticité.

» S'il m'était permis d'émettre une opinion sur ce que j'ai lu d'eux, j'assignerais le premier rang à Bazard. Mais les saint-simoniens pensèrent autrement ; Enfantin fut porté au trône pontifical. Peut-être cette atmosphère de mysticité dans laquelle il s'est placé parut-elle plus propice à un chef de secte. Peut-être aussi n'était-on pas fâché que la doctrine restât environnée de quelques nuages : il y a tant de gens qui admirent ce qu'ils ne comprennent pas !

» Quant à M. Olinde Rodrigues, il était le disciple racontant la vie et les pensées du maître, évangélisant en son nom ; c'était la tradition vivante, le dépositaire de l'arche sainte.

» Cette position aurait bien pu lui donner quelques prétentions au grand pontificat de la doctrine. Mais il n'était mû par aucun sentiment d'ambition personnelle ; il quittait même une position honorable et brillante dans le monde pour se vouer à l'œuvre de Saint-Simon. Loin de s'opposer à ce qu'Enfantin ceignît la thiare, il proclama lui-même le nouveau pape à l'une des séances solennelles de la rue Taitbout, dans les termes que voici :

« Au nom du Dieu vivant qui m'a été révélé par Saint-Si-
» mon, votre maître à tous, et le mien en particulier, mon
» premier acte de foi est de vous proclamer, vous, Enfantin,
» l'homme *le plus moral de mon tems, le vrai successeur* de

» Saint-Simon, le *chef suprême* de la religion saint-simo-
» nienne. » — Bravos et applaudissemens prolongés, porte le
procès-verbal.

« Nous verrons que depuis M. Olinde Rodrigues a eu
quelque chose à regretter et à retrancher dans cette élo-
gieuse proclamation.

» Lorsque le *père suprême* de la doctrine (tel est son
titre), eut été ainsi intronisé, il ne se montra ni ingrat
envers Rodrigues, ni hautain envers Bazard : il fit asseoir,
avec mansuétude, le premier à sa droite comme *chef
du culte*, et le second à sa gauche comme *chef du dogme*.

» Telle fut la trinité chargée de présider aux destinées saint-simoniennes ! Sous elle, venaient hiérar-
chiquement d'autres *pères* de la nouvelle église, puis
des apôtres qui parcouraient les provinces, cherchant à
faire des prosélytes.

» Voilà pour ce qui concerne l'organisation morale ,
ou, pour parler le langage de ces Messieurs, *l'organisation hiérarchique et religieuse* de la société.

» Mais la société avait aussi des intérêts matériels à
soigner ; et comme les intérêts matériels sont encore sous
l'empire des lois du vieux monde, il fallait quelqu'un
qui pût descendre des hauteurs de la doctrine à ce terre-
à-terre des affaires ordinaires dans lequel s'agite le commun des hommes.

» Pour cela on choisit le père Rodrigues, qui parti-
cipait, si je puis parler ainsi , des deux natures ; c'est à
dire qui, par ses relations avec Saint-Simon, avait été
initié à tous les mystères de la religion nouvelle, et par
sa vie mondaine, avait acquis beaucoup d'expérience et
d'habileté dans le commerce, les finances et la pratique
des affaires.

» En conséquence, on lui donna la procuration la
plus étendue, la plus illimitée pour tout ce qui concer-
nait les intérêts de l'association. On peut même dire que
cette procuration est un sacrifice fait par la société à ce dé-
mon vigilant de la propriété qu'elle a pour objet de combattre. Voici quelques-unes de ses dispositions principales :

« Les constituans donnent à M. Benjamin-Olinde Rodri-
» gues, conjointement et solidairement, pouvoir de pour
» eux et en leur nom ;

» *Régir, gérer et administrer*, tant activement que pas-

» sivement, tous les biens et affaires qui leur sont communs
» ou qui appartiennent divisément à chacun d'eux; en consé-
» quence agir et stipuler pour eux dans tous les actes et dans
» toutes les circonstances présentes et futures où ils seraient
» intéressés;

» *Louer et affermer* tous immeubles, etc..... ;

» *Toucher et recevoir* tous loyers, fermages et pro-
» duits, etc..... ;

« *Toucher et recevoir*, de qui il appartiendra, toutes les
» sommes, sans exception, tant en capitaux qu'en intérêts,
» arrérages de rentes, traitemens, pensions, échus et à échoir,
» qui appartiennent ou appartiendront aux constituans, soit
» conjointement, soit séparément, à quelque titre et pour
» quelque cause que ce soit;...

» Entendre, débattre, clore et arrêter tous comptes avec
» tous débiteurs et créanciers; en toucher ou solder les reli-
» quats;

» Faire et accepter tous *transports, cessions et délégations,*
» avec ou sans garantie, de toutes rentes, créances, actions et
» *valeurs généralement quelconques* qui appartiennent ou ap-
» partiendront par la suite aux constituans soit conjointement,
» soit exclusivement à l'un ou plusieurs d'entre eux, et ce aux
» personnes et moyennant les prix, charges, clauses et condi-
» tions que le mandataire avisera; *toucher le prix* desdits trans-
» ports et cessions;

» Faire et accepter également tous transferts de rentes sur
» l'Etat et *sur les gouvernemens étrangers*; comme aussi *ac-*
» *cepter toutes donations,* en soumettant le donataire aux
» conditions qui lui seront imposées;

» *S'intéresser dans toutes entreprises de commerce* établies
» ou à établir, *former toutes sociétés industrielles et com-*
» *merciales,* stipuler toutes mises de fonds, créer et prendre
» des actions, *arrêter les statuts et conditions desdites so-*
» *ciétés;*

» *Souscrire toutes obligations,* reconnaissances, billets,
» lettres de change, signer tous ordres, donner toutes garan-
» ties par hypothèque ou antichrèse sur les immeubles des
» constituans, les obliger séparément ou tous conjointement
» et solidairement entre eux, *et solidairement avec le man-*
» *dataire,* au remboursement de toutes créances; engager
» aussi lesdits constituans comme cautions dans tels cas et en-
» vers telles personnes qu'il plaira au mandataire;

» RECUEILLIR, TOUCHER TOUTES SUCCESSIONS OU LEGS...

» Vendre et aliéner aux prix, charges et conditions qu'il
» plaira au mandataire....., etc., etc. »

» Cette procuration, comme on voit, ne ressemble

en rien aux procurations ordinaires. Elle réunit l'accumulation de tous les pouvoirs possibles, et de plus on voit que le mandataire doit s'obliger *personnellement et solidairement avec les mandans*, ce qui répugne au caractère du mandat proprement dit. C'est qu'en effet, il s'agissait ici de la gestion d'une chose commune à tous, d'une co-propriété : c'est le gérant d'une société qu'on nomme, et non un mandataire qu'on constitue.

» D'ailleurs, pour s'en convaincre, il ne faut que réfléchir à la doctrine saint-simonienne. Elle a pour but de détruire la propriété individuelle, et d'y substituer la propriété collective. A peine de se montrer infidèle à sa foi, nul saint-simonien ne peut se dire propriétaire de quoi que ce soit; ses biens appartiennent à la famille, à la communauté saint-simonienne; il n'a rien en propre; tout est à tous. Ces messieurs sont donc en état de co-propriété nécessaire, d'association obligée; sans cela ils cesseraient d'être saint-simoniens.

» Au surplus, cela ne résulte pas seulement de leurs doctrines. Ils l'ont formulé d'une manière mondaine; ils l'ont écrit dans un acte positif dont voici les dispositions principales :

ASSOCIATION FINANCIÈRE DES SAINT-SIMONIENS.

« *Au domicile et en présence* de Barthelemy-Prosper En-
» fantin, *chef suprême* de la religion saint-simonienne, sont
» comparus tous les membres de la religion saint-simonienne,
» lesquels ont déclaré *s'associer collectivement et solidaire-*
» *ment* dans le but et par les moyens qui vont être exposés.

» Art. 1er. L'objet de l'association financière des saint-si-
» moniens est :

» 1° De travailler par un ensemble de mesures exclusive-
» ment pacifiques, et par les seules voies de la persuasion et
» de la démonstration, à l'amélioration morale, intellectuelle
» et physique de la classe la plus nombreuse et la plus pau-
» vre;

» 2°. D'organiser des maisons d'éducation élémentaire, où
» les enfans des saint-simoniens, *prolétaires ou bourgeois,*
» *seront élevés ensemble, quelle que soit la position de for-*
» *une où la naissance les ait placés;*

» 3°. De fonder des *maisons d'associations industrielles,*
» *manufacturières et agricoles,* entre tous les travailleurs
» qui, adoptant la foi saint-simonienne, consacreront leur vie
» à l'amélioration du sort de la classe la plus nombreuse, afin
» de la faire jouir successivement, et de plus en plus, des

» avantages moraux, intellectuels et économiques de l'associa-
» tion ;

» 4°. De subvenir transitoirement, par des ressources tem-
» poraires, aux premiers besoins de ces associations, besoins
» résultant du défaut ou de l'insuffisance du travail, et des
» charges de famille des travailleurs saint-simoniens les moins
» favorisés ;

» 5°. D'enseigner à toutes les classes de la société, par tou-
» tes les voies de publications, prédications et missions, *que*
» *le seul moyen de mettre un terme aux émeutes, aux crises*
» *industrielles et à la guerre*, consiste à développer les sen-
» timens d'association entre les hommes, entre les peuples ;

» A substituer progressivement, et sans secousses, *à la*
» *concurrence anarchique qui pèse sur l'industrie*, l'associa-
» tion religieuse des travailleurs, et à toutes les opinions qui
» luttent aujourd'hui dans la société, l'opinion saint-simo-
» nienne sur l'avenir politique des travailleurs.

» Art. 2. La société présente est collective....

» Art. 3. Le gérant de la présente société est le chef de tous
» les travaux matériels et financiers de la religion saint-simo-
» nienne...

» Art. 4. Le *père suprême* de la religion saint-simonienne
» nomme pour *seul associé gérant de la présente société*
» *Benjamin-Olinde Rodrigues.*

» Art. 5. Tous les biens présens et à venir des saint-simo-
» niens, signataires au présent acte forment le fonds social de
» la présente société.

» Tous les associés confirment ici de la manière la plus ab-
» solue la procuration notariée donnée par eux, à Benjamin-
» Olinde Rodrigues, ladite procuration *universelle, irrévoca-*
» *ble*, et reconnaissent à B.-O. Rodrigues, pour faire et dis-
» poser, le droit aussi ample et aussi général qu'il est stipulé
» à l'art. 3 ci-dessus.

» Art. 6. Les saint-simoniens associés solidaires de la pré-
» sente société, font appel à tous ceux qui ne pouvant se vouer
» comme eux à la propagation de leur religion, comprennent
» et sentent que cette religion est *l'avenir de l'humanité*,
» qu'elle seule peut amener le règne de la paix, installer l'as-
» sociation des travailleurs, *pacifier et moraliser toutes les*
» *classes de la société.*

» *Tous les dons et apports, de quelque nature que ce soit,*
» *seront reçus par la présente société* sans qu'aucune respon-
» sabilité ou solidarité puisse en résulter contre les donateurs,
» la société n'entendant de son côté prendre vis-à-vis d'eux
» aucun engagement autre que celui de la reddition des comp-
» tes dont il va être parlé, etc. »

» On voit que la procuration se réfère à l'acte de société et l'acte de société à la procuration. Tout se lie, et il est impossible d'isoler ces actes, comme on l'a voulu faire.

» On objectera peut-être que l'acte de société n'a pas été signé par tous les membres de l'association ; qu'il n'a été revêtu d'aucune formalité légale. Mais d'abord je m'étonnerais de cette objection de la part d'hommes qui annoncent un si profond mépris pour ces formalités vulgaires. Ensuite je ferai remarquer que l'acte a été inséré dans *le Globe*, que je pourrais appeler le *Bulletin des Lois* de la société saint-simonienne (voir le numéro du 28 novembre 1831); que cela s'est fait sous les auspices du père suprême, sous la garantie du gérant qui est un des membres de la société et l'un de nos adversaires actuels. De plus, aucun saint-simonien n'a réclamé. Enfin, nous verrons que l'acte a reçu exécution, et par conséquent ne peut plus être récusé.

» Assurément le zèle de la doctrine est une belle chose. Mais les saint-simoniens ne pouvaient pas vivre seulement de la parole du père Enfantin ou du père Bazard : des besoins se faisaient sentir ; il fallait payer les propriétaires des locaux occupés par les saint-simoniens, pourvoir aux frais d'impression et aux dépenses de toute nature ; il fallait vivre....., et malheureusement bouchers, boulangers, imprimeurs et propriétaires, ne s'étaient pas encore convertis. Ces cœurs endurcis tenaient toujours à la propriété, et voulaient se faire payer leurs fournitures. Les dons considérables que la société avait reçus ne suffisaient point ; on résolut de faire un emprunt.

» Je n'ai pas besoin de vous dire que c'est à M. Olinde Rodrigues que cette opération fut confiée. Ainsi, tandis que les pères Bazard et Enfantin poussaient la société dans les voies morales, il fut chargé de la faire entrer dans les voies financières. Les premiers portaient la *parole de vie* ; il consentit à faire entendre les *paroles d'argent*.

» Voici le premier appel qu'il adressa dans la fameuse séance où il proclama le père suprême. Nous transcrivons ses paroles telles qu'elles sont rapportées dans le procès-verbal :

» Et moi maintenant j'arrive, quittant toutes mes affaires du

» vieux monde, quand j'ai eu conquis à ma foi , tout autant
» qu'il pouvait l'être, l'amour de mon père, et celui de ma
» mère, et celui de mes sœurs, et celui de celle qui est la moi-
» tié de ma vie, de ma femme qui m'a laissé quitter la bourse ,
» quand elle a vu que le temps était venu. Et maintenant
» après que j'ai proclamé la hiérarchie nouvelle, je fais appel
» à tous, pour réaliser l'association religieuse des travailleurs
» saint-simoniens. Saint-simoniens, entendez-le bien, je viens
» pour installer *la puissance morale de l'argent*, je viens faire
» appel à tous ceux *qui ont un cœur*, à tous ceux *qui ont une*
» *bourse*, à tous ceux *qui ont une intelligence saint-simo-*
» *nienne*, dont la vie entière doit être comptée pour le bon-
» heur du monde. *Je recevrai tout*, et je rendrai *compte de*
» *tout*, et je me placerai en face du monde, en face des ban-
» quiers, des hommes puissans par l'argent ; en face de ceux
» qui veulent chanter le peuple, et qui ont puissance de faire
» donner de l'argent pour le peuple, en face de femmes qui
» ont de l'argent ou qui ont puissance de faire donner de l'ar-
» gent pour le peuple, et je leur dirai que, *me soumettant à la*
» *loi suprême de notre père suprême*, je suis ici, moi, le *père*
» *de l'industrie, le chef du culte* saint-simonien. M'avez-vous
» entendu ?

  » *Acclamations :* Oui ! oui !
  » *Père Rodrigues :* Me suivrez-vous ?
  » *Tous :* Oui ! oui ! »

» Ainsi c'est en présence et avec l'approbation du
père suprême, c'est aux acclamations de tous les fidèles
saint-simoniens, que M. Olinde Rodrigues fait, non pour
lui, mais pour la société dont il est le gérant , un appel
de fonds à tous ceux qui ont une bourse et une intelligence saint-simoniennes !

» Dans un imprimé à la suite duquel se trouvait l'acte
d'association , il disait également :

« Apportez *à Saint-Simon*, apportez à celui qui fonde la
» puissance morale de l'argent, une part quelconque de vo-
» tre argent, à titre de *don* ou de *prêt*, selon votre force et
» votre amour. *Je recevrai tout* AVEC JOIE. *et je rendrai*
» *compte de tout* AVEC HONNEUR. *Que cet argent soit employé*
» *à développer, à accomplir l'œuvre de Saint-Simon.* »

» Plus tard, M. Olinde Rodrigues annonça en séance
publique les conditions de l'emprunt dont il s'était
chargé. Même approbation de la part du père suprême,
même acclamation de la part des fidèles. Pas une voix
ne s'éleva pour le démentir.

» *Une seule personne*, le père Bazard, dans la préface d'un écrit publié dans le courant de l'année 1832, crut devoir protester contre l'emprunt dans les termes suivans :

« Je dois faire connaître que je ne donne aucune approba-
» tion aux singulières émissions de rentes faites par Olinde
» Rodrigues (rentes *perpétuelles !* dont il a déjà donné une
» partie à 25 p. o|o du capital, et dont il offre une autre partie
» à 35 p. o|o); que je n'approuve pas davantage soit les *apos-*
» *trophes financières* qu'il adresse régulièrement au public,
» tous les dimanches, *dans les fantastiques représentations*
» *de la salle Taitbout ; soit enfin les adorations d'argent ou*
» *d'hommes à argent dont* le Globe *remplit journellement*
» *ses colonnes.* Du reste, je déclare que je ne vois et ne puis
» voir dans tout ceci, encore qu'il puisse en résulter des con-
» séquences très-fâcheuses, que le résultat d'une illusion com-
» plète sur la situation réelle de la doctrine de Saint-Simon, et
» sur les progrès véritables qu'elle est appelée à faire aujour-
» d'hui. Peu de temps avant notre séparation, nous avions ré-
» solu de faire un emprunt ; mais les propriétés des saint-
» simoniens devaient être remises immédiatement entre les
» mains d'un notaire, qui aurait été chargé d'en poursuivre
» la liquidation pour pourvoir successivement soit au rem-
» boursement des sommes empruntées, soit au service des in-
» térêts ; d'ailleurs une maison de banque connue devait alors
» garantir cette opération. Au surplus, si je m'élève contre
» les spéculations financières qui se font *sous l'autorité d'En-*
» *fantin,* ce n'est pas seulement parce que le mode en est vi-
» cieux, que les formes en sont repoussantes, mais parce que
» les ressources qu'elles pourraient procurer *seraient mises*
» *au service de doctrines fausses et dangereuses.* »

Voix dans l'auditoire : En voilà un qui est franc !

Me Dupin, reprenant : Du reste, ce n'est pas que le père Bazard renonce à voir les fortunes particulières grossir l'avoir saint-simonien. Au contraire il l'espère. Mais il trouve que le moment n'est pas encore venu. Ce n'est pour lui qu'une question de temps.

« Ce que nous avons à faire véritablement, et avant toutes
» choses, dit il un peu plus loin, c'est de produire, d'en-
» seigner et d'accréditer la loi morale, la loi de l'individu.
» Lorsque cette tâche sera remplie, la doctrine de Saint-Simon,
» doctrine indéfiniment perfectible, sera complète dans ses
» bases... Alors nous pourrons entreprendre de fonder l'in-
» dustrie saint-simonienne ; *nous demanderons hautement la*
» *gestion des fortunes particulières, et elles seront succes-*
» *sivement remises en nos mains ; car le monde, convaincu*

» *de la supériorité de nos lumières, aura foi alors en notre*
» *moralité et en notre avenir.* »

« Pour moi, je ne crois pas que nous touchions au moment de voir réaliser cette prophétie ; mais revenons au corps des saint-simoniens.

» Nous avons vu que tous, hors Bazard, avaient reçu avec acclamation l'annonce de l'emprunt. Ils firent plus; ils se l'approprièrent en la publiant officiellement dans *le Globe*, et en travaillant autant qu'il était en eux à réaliser et à étendre ce projet.

» En effet, dans le numéro du 1ᵉʳ janvier 1832, on lit ce qui suit :

« *Emprunt saint-simonien. — Emission de la première série.*

» A la prédication de dimanche dernier, *notre père* Olinde
» Rodrigues a annoncé l'émission de la première série de
» l'emprunt saint-simonien.

» Voici la circulaire que nous avons adressée à ce sujet dans
» les départemens :

» Paris, 28 décembre 1831.

» Monsieur, nous avons fait connaître par la voie du *Globe*,
» du 28 novembre dernier, *l'acte de société des saints-si-*
» *moniens.* En engageant, comme ils l'ont fait, *sans restric-*
» *tion*, leurs biens et leurs personnes, ils ont donné un témoi-
» gnage éclatant de la sincérité et de la loyauté de leurs efforts
» pour l'amélioration pacifique du sort des classes malheu-
» reuses, aussi bien que de leur foi à l'avenir promis par
» Saint-Simon. Indépendamment de cela, ils ont encore remis
» à notre père Olinde Rodrigues *une procuration absolue.*
» De semblables actes sont de nature à inspirer une haute
» confiance à ceux qui ne sont pas encore saint-simoniens. »

» Vient ensuite l'explication des conditions de l'emprunt :
50 p. o⁄o pour la première série, 35 pour la seconde, et ainsi
en décroissant pour les séries subséquentes. Puis la circulaire
se termine ainsi :

«Nous vous prions de nous faire savoir si vous désirez vous
» intéresser à cet emprunt, et, dans ce cas, nous adresser le
» plus tôt possible votre soumission, afin que nous puissions
» vous comprendre dans la seconde série, et même dans la
» première si votre soumission arrive assez promptement.
» Agréez, Monsieur, l'assurance de notre parfaite considé-
» ration.

» *Le chef de la correspondance,* I. PEREIRE. »

» Ainsi, voilà l'*acte de société* et l'*emprunt* reconnus

par le chef de la correspondance, *Isaac Pereire*, aujour-d'hui cependant l'un de nos adversaires ! Les voilà l'un et l'autre publiés, invoqués par le journal officiel, et présentés au public comme un double moyen de crédit et de confiance.

» Après cette circulaire se trouve un article intitulé : *Développement de la doctrine du saint-simonisme. — Emprunt saint-simonien.* Vous y remarquerez les passages suivans :

«Après l'exposé des travaux dans la période de 1825 à 1828, de 1828 à 1830, et de 1830 jusqu'à la fondation de la hiérarchie nouvelle, on dit : « L'avénement du père Olinde Rodrigues, *appelé par notre père suprême Enfantin* à la direction financière, industrielle, à la direction du culte saint-simonien, a ouvert à notre activité politique pratique une carrière nouvelle.... *Nous venons d'entrer dans la voie du crédit*, et dans cette voie nouvelle, les accusations, les injures, les calomnies ne nous ont point manqué.... » (Suivent des plaintes contre *le Constitutionnel*, les *Débats*, la *Gazette*, voire même *le Corsaire* et *le Figaro*, qui ont eu l'irrévérence de se rire de la doctrine et de ses apôtres.) Puis l'article poursuit : « *Notre* début financier a donc eu le sort de notre début scientifique, de notre début apostolique, il est resté *incompris....* Mais les progrès de notre propagande religieuse, propagande d'autant plus contagieuse, envahissante, que notre religion satisfait à tous les vœux impérieux des générations présentes, aux rêves brillans du poète, aux besoins pressans du travailleur affamé, *les progrès de notre propagande religieuse*, disons-nous, *seront le* GAGE *toujours croissant*, L'HYPOTHÈQUE *de nos emprunts.*

» Les hommes dégagés des liens du vieux monde, ceux dont la foi est la plus vive, la plus complète, se sont voués corps et biens à l'œuvre difficile de l'apostolat; ils ont remis à *notre père* Olinde Rodrigues une procuration *générale et universelle* par laquelle ils engagent tous leurs biens présens et à venir : Voici *la première garantie de nos rentes*, car c'est *en leur nom, et en celui de notre père Olinde Rodrigues* qu'elles sont signées...

» A ceux qui croient illusoire la garantie qui résulte des signatures de la procuration et qui doutent de la réalité des offres spontanées qui *nous* sont faites, *nous* offrons la production de l'acte et de notre correspondance; ils verront, par exemple, que *dans le courant de la semaine dernière, les souscriptions s'élèvent à plus de 70,000 francs.*

» *Notre* emprunt est émis avec loyauté, avec franchise: les conditions énoncées à l'avance sont égales pour tous ; il n'y a de clauses secrètes pour personne ; toutes les ruses, tous les vieux ressorts de la finance en sont écartés...

» *Notre père* Olinde Rodrigues a déclaré qu'il venait fonder la puissance morale de l'argent. *Notre* premier emprunt eu sera une première preuve publique, soit par la manière dont il aura été émis, soit par l'emploi qui sera fait des fonds qui en proviendront. »

» Enfin on annonce, en terminant par un agréable jeu de mots, un mode de remboursement auquel, sans doute, vous ne vous attendez pas :

« Le piége des remboursemens illusoires et des conversions fallacieuses, dit-on, sera, grâce à nos efforts, relégué dans l'histoire financière du constitutionalisme ; et *le moyen le plus puissant* que nous aurons pour éteindre ou diminuer nos engagemens, ce ne sera point *la conversion de nos rentes*, mais bien *la conversion des rentiers*. »

» Lors de l'émission de la deuxième série, mêmes annonces, même panégyrique de l'emprunt dans *le Globe* du 17 janvier 1832 ; même emploi du pronom collectif ; et enfin nouvelle circulaire au public pour l'engager à prendre des inscriptions.

» Ce n'est pas tout. Ces divers articles ont été imprimés à part, et distribués comme prospectus dans une brochure intitulée : *Emprunt saint-simonien.* On y a même joint un extrait de ce qu'on appelle la *correspondance financière*, et dont vous serez peut-être curieux de connaître quelques extraits.

» Un de ces apôtres ambulans, de ces espèces de commis-voyageurs de la société, qui parcouraient la province avec fruit, le célèbre père Bouffard mande d'abord ce qui suit :

« Comme je l'ai écrit au père Enfantin, C..... nous abandonne entièrement sa propriété, qui vaut environ 70 ou 80,000 fr. ; et je lui ai dit de m'adresser à Toulouse, sans délai, son acte d'abandon. »

» Dans une lettre de Limoges, du 12 janvier 1832, on lit :

« Je me suis occupé aussi du placement de notre emprunt.
» Je n'ai encore placé que trois titres, l'un à M. C..., le se-
» cond à M. M..., le troisième à M. B..., ancien banquier, qui
» a une *très bonne tête financière.* J'ai été le voir hier, et lui
» ai porté quelques-unes de nos brochures, ce qui m'a donné
» occasion de lui parler de notre projet de réalisation indus-

» trielle et de fondation du crédit saint-simonien. Il a paru le
» goûter, et m'a demandé, sans que je le lui offrisse, un de nos
» titres de rentes.

» M. M.... qui aime beaucoup la doctrine, n'en a pas encore
» pris, par la raison qu'il se trouvait dépourvu d'argent ; il
» vient d'écrire à son frère pour qu'il lui en fasse passer. Je
» crois qu'il en prendra trois. Il y aurait alors en tout six ti-
» tres de placés.

» Les amis que nous avons à Limoges voient avec plaisir la
» phase nouvelle dans laquelle le saint-simonisme est entré.
» Les incrédules commencent à croire que nous réussirons. »

» Une autre personne écrit du Havre, le 14 janvier :

» Père, ma sœur, qui hait souverainement les demi-mesu-
» res, qui ne peut pas concevoir une *demi-confiance*, vient
» de prendre la résolution de vous *confier la totalité de ses
» ressources*, à la suite d'une conversation que j'ai eue avec
» elle, dans laquelle je lui ai fait le simple exposé des consé-
» quences éloignées de la fondation du crédit saint-simonien.
» Elle me charge donc de vous annoncer qu'elle prend six
» nouvelles inscriptions de 5o fr. de rentes saint-simoniennes,
» toujours de la deuxième série. Il est donc entendu que cela
» fera en tout neuf inscriptions de 5o fr. de rentes, formant
» ensemble 45o fr. de rentes perpétuelles, que votre banquier
» du Havre devra remettre pour une somme *particulière* de
« 3,15o fr. à ma sœur.

» J'ai aussi déterminé ma mère à prendre trois inscriptions
» de 5o fr. de la deuxième série, ce qui formera 15o fr. de
» rentes que votre banquier du Havre lui remettra pour une
» somme particulière de 1,o5o fr.

» Dans ma précédente lettre je vous ai annoncé que j'en pre-
» nais six pour MON compte.

» Vous avez donc à *inscrire* sur votre grand-livre ma mère,
» ma sœur et moi, chacun pour sa part (trois noms différens,
» bien entendu).

» En tout *dix-huit* inscriptions de 5o fr. à nous faire tenir
» au Havre. *Je voudrais connaître intimement des riches, je
» suis sûr que je les persuaderais.*

» Adieu, père; je vous ai *promis* de faire des œuvres; j'ai
» commencé par quelque chose, je finirai par beaucoup quand
» je serai indépendant du *vieux* monde. Comptez sur moi. »

» Le même jour, un correspondant de Dunkerque
s'exprime ainsi :

« Chers et dignes amis, et vous Pereire, recevez *tous* mes
vœux et *toutes* mes affections.

» Vous avez bien raison de me reprocher de ne vous avoir point accusé réception des dix dernières inscriptions, c'est un reste de l'insouciance que m'avait inspirée la négligence dont j'accusais tant *le père G....* jadis, dans nos relations financières ; mais *vous avez changé tout cela.* Bravo !

» Voici *encore un petit coup d'épaule* que vient vous donner votre ami du Nord. Inclus,

» 3,000 fr. sur Thissier, à Paris, au 25 courant.
» 500 fr. veuve Petit ; d°, au 31 courant.

» Veuillez m'en créditer et me réserver dix nouvelles inscriptions de la deuxième série, que vous m'enverrez, s'il vous plaît, comme les autres. Ceci, je vous l'avoue, *est beaucoup pour moi*, et après cela vous me verrez forcément me reposer pour long-temps en affaires d'argent. C'est parce que j'en ai de disponible pour le moment que j'en profite ; j'espère d'ailleurs obtenir le placement de mes rentes saint-simoniennes, et ne croyez pas que ce soit pour en faire profit. Les bénéfices seront comme de raison pour *l'association universelle* ; car je vous promets de ménager le crédit saint-simonien, et de ne pas lâcher nos inscriptions à si bon compte.

» Ce que vous me dites des églises de Toulouse et de Montpellier me charme *comme tout ce que m'apprend le Globe* chaque jour. Comptez sur moi pour prendre le plus vif intérêt, sous tous les rapports, à vos succès. Je n'ai pas besoin d'être stimulé, je vous assure : ma foi est entière, et je suis de la catégorie des caractères à *affections profondes.*

» Comment ! la mission d'Angleterre se prépare ! Faites-moi tenir au courant, s'il vous plaît, de tout ce qui y sera relatif. Je m'étais promis depuis long-temps d'aller à Londres en même temps, *en surnuméraire de la mission.* D'un autre côté, je voudrais bien aller vous voir à Paris en mars prochain. Que ferai-je ? En attendant que je vous embrasse, cher Pereire, croyez-moi bien *à Saint-Simon, à nos pères et à vous.* »

» De Strasbourg, arrive une 4ᵉ lettre ainsi conçue :

« Je travaille avec ardeur dans ma sphère *à la propagation individuelle*, et quoique je rencontre beaucoup d'obstacles, et que j'aie bien des préjugés et des préventions à vaincre, je ne persévère pas moins à faire sentir, partout où ma parole peut se faire entendre, les grands avantages de notre emprunt dans tous ses rapports, et les garanties morales et financières qu'il présente. Répondant à ce que vous m'écrivez d'obligeant, je vous dirai, *cher père*, que ma foi en notre père suprême et en ceux de mes supérieurs qui le reconnaissent pour la loi vivante qui nous gouverne, est sans bornes, et que j'obéirai toujours avec joie à leurs ordres dans le poste où ils me placeront. J'ai encore pu mobiliser quelque argent que je destine pour une nouvelle inscription, etc.

» Je regrette de ne pas avoir de fortune pour la donner entièrement à la doctrine, car je ne vois pas grand mérite à donner mes économies à l'emprunt, parce que d'après mes vues je ne cours aucun risque, et qu'au contraire j'en retire un bénéfice majeur. Cependant comme j'entends qu'il est du devoir de tout saint-simonien de contribuer selon ses moyens, je proposerai à mes frères de cette ville de nous cotiser volontairement pour le paiement des rentes.—Recevez, *mon cher père*, les nouvel es assurances du dévoûment de *votre fils en Saint-Simon.*»

» Enfin, on reçoit de Montpellier une demande de souscription dont voici les termes :

« Je reçus il y a peu de jours la visite de M. Bouffard. Cette visite me flatta sans doute, mais surtout j'en éprouvai une vive satisfaction. Il me parla d'un appel prochain qu'allait faire la société ou famille saint-simonienne , et je m'empressai de lui témoigner que j'y répondrais avec bonheur et conviction. *Le Globe* m'annonçant que l'emprunt est ouvert, je vous prie , Monsieur, si vous avez mission pour cela, de m'y comprendre pour 1,000 fr., sur le pied de 5 fr. de rente pour 25 fr. de capital. Si cependant la série était épuisée, je vous prie de me comprendre dans la seconde, qui ne compte que 5 fr. d'intérêt pour 35 de capital. Si celle-là ou la suivante était épuisée, je désire y être compris encore. C'est assez vous dire que je tiens moins à un intérêt élevé qu'à favoriser un emprunt dont le but à mes yeux est honorable autant qu'utile.

» Jusqu'à présent ma foi dans la doctrine nouvelle n'a été que le résultat du sentiment et des méditations. *J'ai vu peu d'apôtres*, et ma foi, quoique vive, n'est pas assez éclairée. Ce besoin de lumières pour moi est pressant, et il me tarde que votre apostolat se révèle davantage pour y puiser tout ce qui me manque, afin de pouvoir progresser et hâter le progrès.»

» L'emprunt ainsi secondé, poussé, chauffé par *le Globe*, fut donc réalisé. Un grand nombre d'inscriptions fut pris. Toutes sont signées O. Rodrigues, avec cette mention : « Au nom *des saint-simoniens* dont j'ai la pro-
» curation , *et en mon nom.* » Les réglemens avec les fournisseurs, les acceptations de lettres de change , et généralement tous les engagemens de la société, portent également la signature Rodrigues.

» Ainsi donc , par tout ce qui précède, il est constant en fait que les saint-simoniens avaient formé entre eux une communauté légale; que M. Olinde Rodrigues en était le gérant ; que pour faciliter sa gestion , on lui avait donné une procuration générale et irrévocable ; enfin qu'il est obligé solidairement à toutes les dettes de la société. Plus tard nous en verrons les conséquences en droit.

» Mais achevons les faits , et voyons comment la société saint-simonienne a été travaillée par des divisions intérieures , et conduite au point de scission où elle se trouve aujourd'hui.

» Toutes les fois qu'une association se forme sous l'empire d'une idée ou dans un but donné , il est des généralités sur lesquelles il est facile de s'entendre, parce qu'elles laissent une large marge à la diversité des opinions individuelles. Mais alors qu'on vient aux applications particulières , les dissidences éclatent et les querelles commencent.

» Ainsi , s'agissait-il de proclamer en principe que la propriété est un fléau social, qu'il faut remettre , comme le disait le père Bazard , la gestion des fortunes particulières aux mains des disciples de Saint-Simon ; parce qu'ils sont les plus moraux et les plus capables? Tous étaient d'accord et nul n'a contredit.

» Un autre dogme était reçu comme article de foi ; c'est que la femme , ainsi que le prolétaire , a besoin d'affranchissement ; qu'on doit la tirer de cet esclavage où nous avons la cruauté de la tenir depuis des siècles ; ou, pour parler leur langage même , qu'il faut faire cesser *l'exploitation de la femme;* en un mot, il faut créer *la femme libre.*

« L'homme qui se présente pénétré de la foi qu'il lui est
» donné d'affranchir la femme, dit le père Enfantin, a donc
» dû se placer dans une position telle que, devant lui, aucune
» femme ne pût rougir de lui confesser sa vie, de lui dire
» *qui elle est, ce qu'elle veut, ce qu'elle désire !....* Ainsi, dit
» plus loin le même père, la femme *parlera;* elle *parlera sur*
» *tout.... »* (On rit.) Ce n'est point l'article le plus difficile
à exécuter de la charte saint-simonienne! (Hilarité générale.)

» Jusque-là les saint-simoniens étaient assez d'accord; mais c'est ici que le schisme commence.

» Chacun sait combien la position des hommes influe sur leurs opinions et sur leurs doctrines. Trois attributs principaux distinguent le père suprême de la doctrine : 1° Il est célibataire ; 2° c'est un fort bel homme ; à tel point que les saint-simoniens ont confié au talent distingué de M. Grévedon, le soin de faire son portrait, et l'ont annoncé dans *le Globe* comme un moyen de propagande : ils ne comprennent pas qu'après avoir vu la face radieuse du grand pontife, on puisse hésiter à se convertir à sa doctrine; 3° il aime tant ses *fils* et ses *filles* qu'il veut en être *adoré*.

» Quant à MM. Olinde Rodrigues et Bazard, ils sont mariés, et, si j'en crois ce qui m'a été dit, heureusement mariés. Ils trouvent dans leurs épouses et les grâces extérieures et ces charmes de l'esprit et du cœur faits pour assurer le bonheur d'un mari. Il ne faut donc pas attendre d'eux qu'ils aient, sur la liberté des femmes, des idées aussi étendues que le père suprême. Celui-ci l'avait bien senti ; car il avait dit et imprimé plusieurs fois qu'il était « *seul en position d'appeler la* » *femme à la vie nouvelle.* »

» Lors donc qu'il fallut s'expliquer sur la constitution de la famille, voici la doctrine qui fut émise par le père Enfantin : elle mérite d'être connue, ne fut-ce que pour l'édification du public.

» M. Enfantin divise l'espèce humaine en deux catégories. Dans l'une, il classe les individus à *affections profondes*; l'autre comprend les individus à *affections vives.*

» Les premiers sont ces gens tenaces dans leurs affections, dont l'amour robuste est à l'abri des atteintes du temps, qui aiment toujours ce qu'ils ont aimé une fois, qui ont besoin, en un mot, de fixité et d'unité. Ce sont les immobiles, des êtres qui ne savent rien apprendre, ni rien oublier en fait de sentiment.

» Les seconds, sont ces hommes mobiles qui sont doués d'affections vives, mais passagères, et qui éprouvent incessamment le besoin de changement, de variété, de multiplicité.

» Pour les gens à affections profondes et tenaces, le mariage est définitif; ce n'est au moins que dans cet espoir qu'ils consentent à s'unir, et que leur union doit être consacrée.

» Quant aux personnes à affections vives et mobiles, elles ne sauraient long-temps être unies au même individu; pour elles, le mariage est temporaire; ce n'est qu'à cette condition et sous cette loi qu'elles peuvent consentir à être liées et qu'elles doivent l'être.

» Lors donc que deux personnes à affections profondes sont mariées ensemble, il n'y a pas de difficulté. Pour elles, l'indissolubilité du mariage est un besoin: c'est une loi de leur nature. Seulement elles restent stationnaires ; elles ne sont pas en progrès, et cependant la loi de Saint-Simon est la loi du progrès indéfini appliqué à toutes choses.

» Mais s'il advient qu'un homme à affections profondes de-

vienne l'époux d'une femme à affections vives, ou réciproque-
ment, les choses ne peuvent pas rester en cet état. L'un, pour
employer l'expression même du père suprême et ne pas alté-
rer le texte sacré, l'un *ennuiera* l'autre avec ses affections tenaces, et le deuxième *dégoûtera* le premier avec ses affections
changeantes. Or, l'ennui et le dégoût ne peuvent pas former
les élémens d'un bon ménage ; il faut donc divorcer.

» Et si les deux époux sont deux êtres à affections vives,
c'est bien pis encore ; le changement est leur loi, la mobilité,
leur nature. Il est évident qu'ils ne peuvent rester ensemble
sans contredire les vues de la Providence, les lois de Saint-Simon et la morale du père suprême. » (Rire général dans l'auditoire.)

» C'est là le divorce de la Convention pour incompatibilité
d'humeur, avec addition et perfectionnement !

» Et ne pensez pas, Messieurs, que ceci soit une plaisante-
rie ; je suis exact. C'est une analyse fidèle que je vous présente ;
je conserve même autant que possible le *vocabulaire* de la
doctrine.

» Voilà donc le divorce posé en principe, non comme une
exception, non comme un remède à certaines positions heureusement rares, mais comme une conséquence de la nature
humaine, comme une nécessité sociale.

» Toutefois vous comprenez bien que le divorce des saint-
simoniens doit avoir un caractère particulier, et, comme le dit
M. Enfantin dont il faut encore citer les propres paroles : «Au
» moment où tout le monde s'occupe de divorce, les disciples
» de Saint-Simon ne peuvent pas être dépassés pour un fait de
» ce genre par la Chambre des députés. » C'est en effet aux
avant-postes et non à l'arrière-garde qu'est la place des hommes du progrès.

» Or, qu'est-ce que le divorce pour les législateurs ordinaires ? La dissolution du mariage. Par conséquent c'est une
destruction.

« Nous, au contraire, dit le père suprême, en prononçant
» sur le divorce, nous avons le *caractère organisateur* que
» nous avons eu dans toutes les théories politiques ou philoso-
» phiques que nous avons posées. Par exemple, quand nous
» professons l'abolition de l'hérédité de la naissance, quoi que
» puissent dire les adversaires de la doctrine qui ne la com-
» prennent pas, nous ne sommes pas des *destructeurs*, des
» *démolisseurs*, nous sommes les hommes du PROGRÈS, qui
» *édifions* et *construisons* en même temps que nous *démolis-*
» *sons*. De même, en établissant le divorce, en vue de l'égalité
» de l'homme et de la femme, nous voulons bien, en effet,
» dissoudre des liens mal formés, mais en même temps nous
» en préparons de nouveaux. »

» C'est là qu'est le progrès. « Car, poursuit le même père,
» l'individu qui a un amour progressif, ne s'arrête pas dans
» *un* parce qu'il a aimé *un*. Il peut, au contraire, après avoir
» aimé *un*, marcher vers *un autre*, sans s'abstraire dans le
» premier, si le second est plus grand que le premier. »

» Alors le divorce peut tenir à une *vertu* (ce à quoi l'on n'a-
vait pas pensé jusqu'à ce jour) aussi bien qu'à un *vice* ou à un
désaccord, de sorte que, toujours d'après le père suprême,
« le divorce se présente sous ces trois formes, savoir : ou bien
» que les êtres unis tombent en quelque sorte en faillite mo-
» rale, se désunissent et se séparent par faiblesse, n'ayant plus
» la puissance de rester unis ; ou bien au contraire que, mar-
» chant tous les deux vers un avenir plus grand, tous deux
» rencontrent devant eux quelque chose de plus élevé que ce
» qu'ils avaient auparavant dans leur union, en sorte qu'ayant
» accompli leurs progrès sous une forme double, ils le recher-
» chent sous une forme double nouvelle ; soit qu'enfin, des
» deux être unis, l'un s'élevant et l'autre restant à la même
» place ou tombant, la séparation devient à l'un ou à l'autre
» nécessaire : toutes conditions de la *perfectibilité humaine !* »

» Il y a bien une petite objection contre ce système : c'est
la confusion, l'incertitude que peuvent jeter sur la paternité
ces mariages successifs. Mais cela n'embarrasse pas le père
Enfantin. Nous avons vu que la femme doit parler, qu'elle
doit parler sur tout. C'est elle qui décidera souverainement et
sans appel la question de paternité. Tout sera sauvé par là.

» Enfin, Messieurs, dernière question : Quels seront la
limite, le temps, la durée qu'on apportera à ces mariages successifs, à ces unions accumulées ? Seront-elles abandonnées
à la licence des passions, au caprice des époux ? Et si l'un veut
le divorce tandis que l'autre ne le voudra pas, qui pronon-
cera ?

» Ici intervient le prêtre saint-simonien, et cette portion de
la doctrine Enfantin mérite encore d'être divulguée.

» Le prêtre saint-simonien réunit en lui toutes les perfec-
tions : par conséquent il a à la fois les affections vives et les affections profondes. M. Bazard dit, à la vérité, avec beaucoup
de sens qu'il ne comprend pas « comment un homme peut être
» à la fois mobile et immobile, constant et inconstant, » c'est-
à-dire réunir des contraires inconciliables ; et dès-lors vous
sentez que, moi chétif, dont l'intelligence n'a pu s'élever à la
hauteur de la doctrine, je comprends très peu ce que le père
Bazard ne comprend pas du tout. Mais toute religion à
ses mystères et ses miracles. Je tiens donc pour constant que
le prêtre saint-simonien réunit les affections vives et les affections profondes. Or, comme il a le pouvoir de lier et de délier
les époux, il se communique à eux ; il essaie de donner à cha-

cun les affections qui lui manquent et de rétablir l'équilibre. Mais ici je n'ose plus analyser; il faut citer l'analyse que donne le père Bazard lui-même :

« Il (le père Enfantin) prétendit que l'intimité entre les
» sexes, considérée aujourd'hui comme n'ayant de légitimité,
» de sainteté, d'élévation que dans le mariage, ne devait plus
» être exclusive entre les époux; que le supérieur (par exemple
» le prêtre ou la prêtresse), pouvait et devait provoquer et
» établir cette intimité entre lui et ses inférieurs, soit comme
» moyen *de satisfaction pour lui-même*, soit dans le but, en
» déterminant de la part des inférieurs *un plus grand attrait*
» *pour sa personne*, d'exercer une *influence plus directe et*
» *plus vive* sur leurs sentimens, leurs pensées, leurs actes et par
» conséquent sur leur progrès. Cette conception fut présen-
» tée d'abord par Enfantin, et, selon ses propres expressions,
» comme la transformation de l'ancien *droit du seigneur*,
» comme un moyen pour l'inférieur de rendre *hommage* au
» supérieur et de recevoir de lui *l'initiation* d'un amour plus
» élevé que le sien ou que celui de ses égaux. »

» En effet, pour lever toute équivoque, le père Enfantin pro-
» clame que « le prêtre saint-simonien est venu repousser l'a-
» nathême prononcé par le christianisme contre *la chair...*
» Que son œuvre apostolique consiste dans la *réhabilitation*
» *de la chair...* Que sa mission est de développer les appétits
» *intellectuels et charnels....* Qu'il doit donner *satisfaction*
» *et règle* à chacun..... » A quoi il ajoute : « Comme *moralité*
» *sacerdotale*, c'est la seule qu'on puisse admettre. (On rit.)

» Cette moralité a singulièrement effarouché plusieurs mem-bres de la société. Pierre Leroux, Carnot, Jules Lechevalier, ont les premiers élevé leur voix contre cette doctrine ; ils ont protesté hautement contre l'exposition qui en fut faite publi-quement dans une des séances de la salle Taitbout, et l'un d'eux (je crois que c'est à M. Jules Lechevalier qu'en appartient la gloire) ouvrit un avis que je trouve des plus lumineux et des plus sages : il proposa *que la doctrine fût mise en liquidation*. (Rire universel dans l'auditoire et parmi les juges.)

» Je suis même tellement de son avis que je viens deman-der que la société matérielle soit également dissoute et liqui-dée !

» Je n'ai pas besoin de vous dire que MM. Bazard et Olinde Rodrigues ne furent pas très rassurés ni très satisfaits de la théorie sur les affections vives ou passagères et sur les unions successives; ils y voyaient des conséquences assez fâcheuses pour les maris. Ils joignirent donc bientôt leur protestation à celles qui avaient été faites publiquement. Voici celle du P. Bazard :

« Je déclare que de même que je repousse les doctrines
» d'Enfantin sur les relations des hommes et des femmes,

» parce qu'elles auraient pour résultat la promiscuité entre les
» sexes, la destruction du mariage, et de la famille ; je re-
» pousse celles qu'il professe sur le bien et le mal, sur l'au-
» torité et la liberté, parce que, sur le premier point, elles
» tendent à *justifier tous les penchans, tous les actes, et à*
» *anéantir ainsi dans le cœur de l'homme toute notion du*
» *juste et de l'injuste, tout sentiment du devoir;* et parce que,
» sur le second, elles renferment la négation de toute spon-
» tanéité, de toute liberté, de toute dignité dans l'individu.
» Je déclare enfin que je condamne toutes ces doctrines, parce
» que, dans leur combinaison (et elles sont étroitement liées),
» elles auraient pour effet de fonder le gouvernement humain
» *sur la corruption, la séduction, la fraude.* »

» M. Olinde Rodrigues a également présenté comme
immorale cette doctrine de promiscuité des femmes prê-
chée par Enfantin, et déclaré «que, dans la famille saint-
simonienne, tout enfant devait pouvoir connaître son
père, » ce qui me semble avoir en effet quelque justesse
et quelque importance.

»Cependant M. Enfantin était l'un des signataires d'une
lettre écrite au nom des Saint-Simoniens à deux honorables députés pour nier que la communauté des femmes
fût admise par la religion nouvelle, ainsi qu'ils l'avaient
dit à la tribune. Serait-ce donc qu'il aurait signé sans
lire? Ce serait bien léger de la part d'un grand Pontife.
Aurait-il renié sa propre doctrine? Ce serait pour elle
une triste recommandation et pour la sincérité du Père
suprême une explication qui aurait bien quelque chose de
fâcheux. Enfin dira-t-on que cette doctrine n'était pas
encore arrêtée et qu'elle lui est venue après la lettre?
Alors cela méritait bien un peu plus de réflexion.

» Quoi qu'il en soit, la guerre éclata dans la famille, et
le schisme se mit au Temple, comme nous venons de le
voir.

» Aussi Bazar se déclara le seul véritable chef de la
doctrine; Olinde Rodrigues en fit autant; ce qui
n'empêche point Enfantin de conserver et son titre et
ses prétentions.

» Ainsi, la Trinité Saint-Simonienne vola en éclats et
se partagea en trois personnes opposées et rivales.

» Mais comme le père Enfantin a, dit-on, un certain
penchant vers le despotisme, il déclara qu'il révoquait
les pouvoirs donnés au père Rodrigues, et notifia à tous

les inférieurs de la hiérarchie de ne plus recevoir les ordres ni écouter la voix de ce père.

» Dès lors M. Olinde Rodrigues n'a pu vérifier ni l'état de la caisse, ni l'emploi des deniers, ni la position de la société.

» Cependant il était sous le coup des obligations qu'il avait contractées, et il voulait qu'il y fût fait honneur. Or, à cet égard, ses inquiétudes étaient d'autant plus légitimes, que les ressources étaient faibles et les obligations considérables. D'un autre côté, le père suprême s'était mis à donner des soirées brillantes et à faire des dépenses jusque là inaccoutumées. Enfin la chose était en tel état, qu'un serrurier rebelle à la foi, insensible aux douceurs de la communauté des biens, lui avait fait donner une assignation pour payer 2277 fr. 46 c., à raison de fournitures et ouvrages faits pour le compte de la société.

» M. Olinde réclama d'abord à l'amiable, mais refus de faire droit à ses réclamations. Il fallut même le ministère d'un huissier pour faire insérer dans *le Globe* quelques explications sur sa position.

» Ce fut alors qu'il prit un parti plus décisif; il sollicita et obtint l'autorisation de faire apposer les scellés sur le local des saint-simoniens. On dut le faire et on le fit avec de justes égards. *Le Globe* du 17 mars 1832 le reconnaît.

» Mais il paraît que MM. les saint-simoniens croient que, parce qu'ils appellent leur doctrine une religion, ils sont affranchis de la loi commune. C'est ce qui apparut par les réponses qui furent faites à des interpellations que leur adressa M. le juge-de-paix. Les voici telles qu'elles sont rapportées dans le numéro précité du journal officiel :

» Sur la notification qui lui a été faite de la mesure que venait accomplir M. le juge de paix, Michel Chevalier » dit :

» Que les relations qui ont existé précédemment entre
» Olinde Rodrigues et les membres de la religion saint-simo-
» nienne ne ressemblaient *en rien à ce qui pouvait exister*
» *dans le monde entre des hommes qu'on appelle légalement*
» *des associés;* que s'il était possible de mêler *le formulaire*
» *de la procédure* à des actes tels que sont des *actes d'aposto-*
» *lat,* il serait exact de dire que les membres de la hiérarchie
» s'étaient constitués débiteurs solidaires : de sorte qu'Olinde
» Rodrigues n'aurait rien à réclamer des hommes dont il s'é-

» tait séparé, et qui assumaient *toute la responsabilité de l'a-*
» *postolat, sous le rapport financier comme sous tous les au-*
» *tres rapports moraux et politiques*, qu'autant que lui-
» même, à défaut par eux de paiement, serait poursuivi
» par des créanciers :

» Qu'une foi religieuse avait *relié* précédemment les mem-
» bres de la religion saint-simonienne avec Olinde Rodrigues ;
» que, sous l'empire de cette foi, Olinde Rodrigues avait ac-
» cepté des fonctions du père suprême Enfantin, et que ces
» fonctions avaient cessé parce que Olinde Rodrigues avait
» *rompu la communion* ; ce qui était tout différent de ce que,
» dans le monde, on nomme *retraite d'un gérant :*

» Qu'enfin il ne s'opposait cependant pas à une apposition
» provisoire de scellés, croyant que c'était le plus sûr moyen
» d'éviter des opérations de chicane, pour lesquelles tous les
» saint-simoniens en général, et en particulier leur père su-
» prême Enfantin, éprouvent une répugnance invincible, et
» auxquelles ils ne peuvent consacrer leur temps, ayant pris
» en main les intérêts de l'humanité, et ayant accepté le man-
» dat d'une régénération sociale ! »

»Sur la question de savoir s'il existait des *titres* et des *trans-*
missions légales de propriété, la réponse de Michel Chevalier
a été ce qui suit :

« Lorsque le père Olinde Rodrigues quitta la Bourse pour
» venir remplir une fonction active dans la famille saint-simo-
» nienne sous l'autorité du père suprême Enfantin, il avait
» introduit dans la famille *des usages semblables à ce qui se*
» *pratique dans la société extérieure, parmi les hommes*
» *d'affaires ;* par exemple, une procuration absolue lui avait
» été remise par tous les enfans du père suprême, et même le
» père suprême remit, lui aussi, au père Olinde Rodrigues,
» une procuration identique, qu'il ne lui a point encore reti-
» rée, et que le père Olinde Rodrigues retient en ce moment.
» A l'époque où le père Olinde Rodrigues protesta contre
» l'autorité et la foi du père Enfantin, *par un reste des habi-*
» *tudes qui venaient de lui*, des actes analogues aux procu-
» rations susdites eurent lieu au sein de la famille ; de telle
» sorte qu'actuellement le père Enfantin a entre les mains une
» procuration absolue de ses enfans, procuration qu'il a trans-
» mise à Michel Chevalier et à Isaac Pereire. Du reste, aucun
» acte de transmission *légale* de propriété n'a été effectué.
» Cependant les membres de la famille saint-simonienne en-
» tendent mettre *tout ce qu'ils possèdent à la disposition du*
» *père suprême*, afin qu'il en fasse l'usage qu'il jugera le plus
» convenable à la propagation de la foi commune, et *quoti-*
» *diennement* il reçoit des professions de foi de personnes qui,

» embrassant la religion saint-simonienne, *font acte de cette*
» *nature.* Néanmoins *nous évitons avec soin les formes coër-*
» *citives du droit*, qui sont trop en désharmonie avec l'esprit
» de libre dévoûment dont doivent être animés *des apôtres.* »

» Dans *le Globe* du 22 mars, parut une autre pièce qui n'é-
tait pas de nature à rassurer beaucoup M. Olinde Rodrigues
sur la solvabilité saint-simonienne et sur la garantie qu'il avait
droit d'attendre pour ses obligations. Cette pièce, signée par
M. Michel Chevalier, est intitulée : *Rapport au père suprême
sur notre situation politique et financière.*

» J'omets ce qui regarde la situation politique ; mais je lis ce
qui traite de la situation financière. Vous ne l'entendrez peut-
être pas sans curiosité et sans étonnement.

« Père suprême, nous glorifions Dieu de tous ces progrès ;
» nous vous en glorifions, vous par qui se manifeste à nous
» l'inspiration divine ; nous nous en glorifions nous-mêmes.
» Mais ce progrès s'achète par de rudes travaux ; ce n'est qu'à
» travers bien des injures, des accusations et des cris de haine
» que nous *gravissons la montagne.* Un nouveau genre d'em-
» barras, les tracasseries judiciaires, est venu grossir nos
» embarras antérieurs. En ce moment vous avez trois procès à
» soutenir, l'un contre Bazard, l'autre contre le gouverne-
» ment français, le troisième contre Olinde Rodrigues. Ce
» devoir surtout nous harcèle avec une *outrecuidance chi-*
» *canière* qui nous eût fait peut-être oublier par instant le
» calme de l'apostolat, si nous n'avions eu sans cesse présente
» à l'esprit *votre face radieuse* dont le *calme glorieux* n'a pu
» être un instant troublé, même par les attaques les plus vio-
» lentes, les plus directes, les plus éclatantes d'un *colosse*
» *d'énergie* qui a cessé de s'asseoir parmi vos fils.

» Notre plan financier est de beaucoup simplifié. Confor-
» mément à votre volonté, j'ai renoncé à faire des *affaires*,
» et j'en ai prévenu les lecteurs du *Globe.* A partir de ce jour
» je cesse de délivrer de nouveaux coupons de rentes. Nous ne
» devons rien attendre que de ceux qui admirent la grandeur
» de notre œuvre et désirent s'y associer, et de ceux qui,
» sentant en nous une puissance qui s'élève et qui prochaine-
» ment dépassera tout ce qui est, trouvent bon, trouvent
» beau d'unir leur destinée à la nôtre.

» Jusqu'à présent, père, ainsi que vous l'a dit Charles Du-
» veyrier (c'est le poète de Dieu, dont le *Figaro* a publié d'as-
» sez curieux fragmens ces jours derniers), nous avons vécu
» *comme le prolétaire, au jour le jour, n'ayant jamais dans*
» *nos coffres plus que notre dépense d'une ou deux semai-*
» *nes.* Cette situation précaire d'où nous sommes toujours
» sortis, grâce particulièrement aux efforts de notre frère

» *Bouffard* (celui qui annonçait plus haut l'abandon d'une
» propriété de 70 à 80,000 fr., qu'il avait obtenu d'un M. C.)
» *pour y retomber il est vrai presque aussitôt*, cette gêne
» perpétnelle a toujours tenu ceux de vos fils auxquels vous
» avez successivement confié les intérêts financiers de la fa-
» mille, *dans une pénible préoccupation*. En ce moment
» même nos besoins sont grands, et nos ressources immédia-
» tement réalisables sont fort modiques ; car la constitution
» de la propriété en France, et des positions de famille com-
» plexes dans le plus grand nombre des cas, ne permettent
» presque jamais de disposer des propriétés foncières qu'à la
» suite d'un long laps de temps. Cependant *d'ici au pre-
» mier mai*, pour acquitter vos engagemens et pour continuer
» vos travaux, une somme d'environ *cent cinquante mille
» francs* nous est nécessaire. Certes, j'ai la *foi* qu'en la cher-
» chant nous la trouverons ; car il est bien des hommes qui
» sont avec nous en communion de sympathies, qui sont sai-
» sis d'admiration pour votre courage calme et pour celui de
» vos fils sous la grêle des traits qui nous assaillent ; il en est un
» grand nombre qui sentent que l'avenir est à nous, et qui
» déjà le saluent en vous. A tous ces hommes nous sommes en
» droit de demander *prompte et large assistance*, et nous la
» leur demanderons *avec une religieuse audace*. Mais j'ai foi
» aussi que ces tiraillemens financiers touchent à leur terme :
» car il est impossible que, parmi les personnes douées d'un
» large sens politique, qui, voyant ce que vous êtes et ce que
» sont les géans du monde, ont acquis ainsi le sentiment for-
» mel de vos futures destinées ; il est impossible qu'entre tou-
» tes ces personnes quelqu'une ne se lève pas bientôt, qui,
» *magnifiquement privilégiée de l'héritage*, vienne, saisie
» d'une *généreuse inspiration*, se vouer *tout entière* à votre
» œuvre.

» Voilà, père, ce que nous avons fait, ce que nous faisons.
» Voilà où nous en sommes.
» Votre fils vous embrasse *avec amour !* »

Michel Chevalier.

» Ainsi, vous entendez ces cris de détresse ; ils vivent
comme le prolétaire au jour le jour, et ils donnent des fêtes !
Leurs besoins sont grands, et leurs ressources modiques ! Il
leur faut 150,000 fr. avant le 1ᵉʳ mai ; et pour sortir de là, ils
attendent quelque personne qui, magnifiquement privilégiée
de l'héritage, se donne tout entière à l'œuvre de Saint-Simon,
c'est-à-dire abandonne sa fortune à leur société ! Et l'on dit
que les craintes de M. Olinde Rodrigues sont chimériques,
qu'il est sans droit pour provoquer et la dissolution de la société et des mesures conservatrices, tant dans son intérêt que

dans celui des tiers ! Qu'on juge ici nos adversaires par leurs paroles et leurs écrits.

Après cet exposé de faits qui a souvent excité l'hilarité de l'auditoire et du Tribunal lui-même, quelquefois aussi l'étonnement, quelquefois d'autres sentimens encore, Me Dupin aborde la question de droit.

Il établit qu'il y a eu société entre son client et les chefs de la doctrine saint-simonienne. Ce fait est démontré par l'acte social produit, par les publications du *Globe* et par tous les imprimés de la société : et il s'étonne qu'en présence de ces pièces on ose nier un fait aussi évident, aussi incontestable ! Il s'étonne que des hommes qui se disent éminemment religieux, et qui affectent un si grand mépris pour les subtilités du droit, cherchent à invoquer des moyens de chicane pour échapper à leurs obligations !

» Qu'opposent-ils ? continue Me Dupin ; Que leur association a un caractère religieux ? Ce n'est point pour la partie religieuse qu'ils sont appelés devant le Tribunal ; c'est pour la partie financière et matérielle. Ainsi, leur association fût-elle, sous le premier rapport, réprouvée par la loi, comme ils l'ont fait plaider ou laissé plaider (et je n'ai nulle envie de le contester), elle reste toujours, sous le second aspect, comme un fait qui doit être régi par les lois et réglé par les Tribunaux.

» Il faut des preuves écrites, disent-ils ; nous en avons. N'en eussions-nous point, dès que la société a eu un commencement d'exécution, c'est un fait qu'on ne peut plus méconnaître et qui doit avoir ses conséquences. Il ne s'agit point de contraindre ces messieurs à fournir une mise sociale, à faire telle ou telle chose ; on demande la liquidation d'une co-propriété. Déclarer non-recevable dans cette réclamation, ce serait autoriser le vol.

» D'ailleurs, comme il y a au moins commencement de preuve par écrit, comme il y aurait dol et fraude à avoir annoncé au public une association qui n'aurait pas existé, il y aurait exception à la règle qui exige une preuve écrite au-delà de 150 fr. (Art. 1347 et 1353 du Code civil.)

» D'un autre côté, la société étant illimitée quant à sa durée, M. Olinde Rodrigues peut en demander la dissolution aux termes de l'art. 1869 du même Code ; et comme les parties sont en désaccord, il faut nommer un liquidateur qui prendra en main les intérêts de tous et surtout ceux des tiers. C'est ce liquidateur qui requerra la levée des scellés et fera constater l'actif. Alors on ne pourra pas divertir les fonds sociaux ; on pourvoira au remboursement de l'emprunt et on fixera les droits de chacun. C'est là ce que demande M. Olinde Rodrigues. Il n'est pas seulement mû par le sentiment de son droit : il l'est aussi par un sentiment d'honneur. Il veut que sa signature sorte pure de cette opération, que son nom n'y soit point compromis, et qu'on ne fasse pas de lui l'éditeur responsable d'une banqueroute. »

M° Delangle, laissant complètement de côté tout ce qui regarde la doctrine, s'efforce de rétablir sa thèse de droit, et M° Dupin lui répond en peu de mots.

Alors M. Michel Chevalier demande et obtient la parole. Il expose les sacrifices que lui et ses amis ont faits pour se vouer à la propagation de la doctrine. Quant à lui, il était élève de l'Ecole Polytechnique et ingénieur des mines, et il a quitté les avantages de cette carrière pour se vouer aux travaux de son apostolat. Il lui semble que ces sacrifices méritaient quelques égards, et qu'on aurait dû s'épargner des railleries qui d'ailleurs rejaillissent bien un peu sur M. Rodrigues. D'ailleurs, poursuit-il, l'association saint-simonienne ne ressemble en rien aux autres. Dans le monde, on s'associe pour gagner de l'argent : nous nous associons, nous, pour en dépenser. Nous dépensons le nôtre d'abord et celui qu'on veut bien nous confier ensuite. Nous donnons nos ouvrages, et nous ne les vendons pas. Quant à nos ressources, elles consistent dans la confiance que nous inspirons et dans les conquêtes que font nos doctrines. Il nous est arrivé en février de n'avoir que 15 fr. en caisse lorsque nous devions payer le lendemain 28,000 fr., et les 28,000 fr. ont été payés. M. Rodrigues ne court aucun risque : nous n'avons jamais refusé et nous ne refuserons pas de le garantir pour les engagemens qu'il a contractés; il le sait bien. On a parlé de nos fêtes, nous engageons M° Dupin à venir les voir et il saura ce qu'elles sont. »

M° Dupin : Je serais au désespoir d'affliger personne, mais il y a trois choses qu'il ne faut pas confondre : 1° les hommes ; 2° leur doctrine ; 3° leur défense.

« J'ai parlé des hommes avec de justes égards; je respecte toutes les convictions, toutes les croyances, pourvu qu'elles soient sincères ; j'honore également tous les sacrifices qui leur sont faits, parce qu'ils sont méritoires.

» Quant aux doctrines, de même qu'on a le droit de les reproduire, j'ai le droit de les critiquer. Du reste, je n'ai point raillé celles de ces messieurs; je n'ai fait que les exposer : c'était, à mon sens, le meilleur moyen de les réfuter.

» Enfin ma mission était de combattre la défense qui m'était opposée ; je l'ai peut-être qualifiée un peu sévèrement ; mais je voyais avec peine des hommes que je veux croire honorables, nier leurs actes et des faits évidens. On aura beau dire et beau faire, cela ne peut recevoir une épithète obligeante. »

Nous sommes heureux d'avoir pu reproduire cette plaidoirie de M° Dupin jeune, plaidoirie qui n'est pas seulement, comme toutes celles de cet honorable avocat, une œuvre de talent , mais encore une bonne action , un bienfait pour les familles, un important service pour la société, et pour lui un nouveau titre à la reconnaissance publique.

A l'audience du vendredi 13 avril, M. l'avocat du Roi, Ferdinand Barrot, s'est exprimé en ces termes :

« Messieurs, il était difficile que le procès qui s'agite entre O. Rodrigues et les *pères* Enfantin, Chevalier, Pereire et autres, pût se renfermer dans les étroites limites d'une question de droit. Aussi, à votre dernière audience, avez-vous vu l'adversaire des saint-simoniens faire plus d'une spirituelle excursion dans leur doctrine qu'il a traduite devant cette justice de la publicité qui, sur plusieurs points du procès, est appelée seule à prononcer.

» En général, c'est une nécessité de position pour ceux qui se disent hommes nouveaux , apôtres de croyances nouvelles, participant aux inspirations d'un ordre de choses inhabituel, de ne pouvoir rester en ce monde dans les conditions communes aux autres hommes. Les positions les plus simples et les plus faciles se compliquent nécessairement pour eux : partout ils se présentent, bon gré, mal gré, accompagnés de leurs dogmes, de leurs principes, de leur culte, de leurs pratiques religieuses. Qu'une contestation sur affaires toutes mondaines s'engage avec eux ; qu'ils viennent devant la juridiction civile disputer sur les intérêts les plus matériels, la question d'argent et de religion sera toute une.

» Il ne leur appartiendrait pas, quand même ils le voudraient, de limiter le champ de la lutte, et de choisir les armes. Cette condition, les saint-simoniens devaient la subir; c'est en vain qu'ils ont dit: la cause est en droit; c'est en vain qu'ils se sont fait représenter par un défenseur dont la conscience et le talent ne pouvaient leur venir en aide que sur le terrain légal, leur adversaire a voulu élargir l'arène. A-t-il en cela obéi à un besoin de conviction , ou subi la nécessité de sa position? Il n'importe.

» De quoi s'agit-il dans ce procès? C'est de savoir s'il y a eu entre les saint-simoniens société civile, et si les dispositions de la loi leur sont applicables sous ce point de vue.

» Vous apercevez, Messieurs, qu'il peut y avoir une sorte d'utilité à rechercher quelle est la nature de l'association saint-simonienne, sous quelles conditions elle s'est placée, et quel but elle veut atteindre.

» Dans cet examen, que nous ferons très-succinctement, nous apporterons la réserve que nous impose et notre caractère de magistrat et cette circonstance que les membres du *collége saint-simonien*, ainsi qu'ils s'appellent, sont cités devant d'autres juges pour répondre de leurs doctrines et de leur morale.

» Saint-Simon, dont la haute intelligence est moins contestée que la pureté de sa vie, a laissé des théories d'économie politique qui, inspirées au milieu des premiers ébranlemens de la révolution de 89, sont empreintes d'un caractère de générosité et de hardiesse qui a marqué les œuvres de cette époque. Après avoir dissipé sa noblesse et sa fortune, il se retrouva peuple : c'est alors qu'il appliqua ses hautes facultés aux questions sociales de l'ordre le plus élevé. Des idées nouvelles, des principes larges, une ardeur toute particulière dans la discussion de ses doctrines, avaient réuni autour de lui des hommes qu'il instruisait, et qui plus tard se sont dits ses disciples, ayant reçu de lui le feu sacré.

» Parmi ces hommes, les uns ont consenti à vivre parmi nous ; ils y ont répandu d'utiles enseignemens, et contribué pour leur part à cette action régulière et bonne, qui incessamment pousse à bien nos institutions et nos mœurs. Les autres ont compris tout autrement la mission de leur maître : c'étaient des hommes dont l'intelligence était plus ardente que véritablement active et féconde. Ils ont dit : la parole du philosophe et de l'économiste, c'est la parole du prophète, c'est la voix puissante de Dieu sous laquelle doivent naître des siècles nouveaux. Saint-Simon nous a légué le monde à la charge de le refaire, et nous le referons. Pour arriver à cette œuvre immense, ils se sont réunis et ont rêvé ensemble.

» Ces hardis réformateurs du monde ont-ils rempli la tâche que leur orgueil s'est imposée ? En se séparant de nous , en voulant vivre d'une autre vie , en se retirant dans un monde où ils se font une morale, des mœurs, des institutions à part, ils ont manqué à leur vocation d'hommes utiles.

» Il fallait rester parmi nous; il fallait donner sa part de citoyen , se mêler au monde, au lieu de *poser*, pour me servir de leur expression, en face de lui, et de lui crier en maîtres de quitter les voies où il marche, les voies dont aucune parole ne saurait le détourner.

» Un homme s'est rencontré, nous disons comme Bossuet, s'est rencontré, car il est de ceux-là auxquels l'histoire s'arrête , pour leur faire une large place, c'est Franklin, qui entraîna après lui les générations industrielles et patriotiques de l'Amérique du nord ; Francklin dont la vie est un enseignement, qui sera moins perdu pour *le travailleur* que de vaines prédications ; lui n'attendit pas, les bras croisés, l'inspiration de Dieu; il pouvait montrer au peuple, auquel il enseignait le travail et les bonnes mœurs, ses mains calleuses, et dire : *imitez-moi!* Né sur les derniers degrés de l'échelle sociale, homme utile, il les a tous parcourus ; partout dans son histoire, vous retrouverez le travail et cette active volonté qui ont avancé, pour sa patrie , les siècles de richesse et de liberté : c'est bien de lui qu'on peut dire qu'il a fait la conquête du monde , car toutes les nations ont donné à son nom droit de cité; à toutes, il a légué de profitables enseignemens et de précieuses découvertes. Lorsqu'il vint au sein de cette capitale, vous savez quelle admiration il inspirait à tous. On vous a dit combien, parmi le peuple, la figure si simple du vieillard imprimait le respect, c'est qu'elle etait belle de 60 années de travail et de gloire. Voilà l'homme utile; dites son histoire *aux travailleurs*, dites par où il a commencé , et vous leur direz ensuite que notre assemblée constituante a voulu que la France portât le deuil de Franklin ! »

De ces considérations , M. l'avocat du Roi arrive à l'examen de la question judiciaire du procès, et établit par le rapprochement de plusieurs faits qu'il existe entre les membres de la doctrine saint-simonienne une véritable société civile ; que dès-lors toutes les règles faites pour ce genre de contrat leur sont applicables. Il conclut en conséquence au maintien du scellé, à la nomination d'un arbitre, et à la mise en liquidation de la société.

Adoptant ces conclusions, le Tribunal a rendu le jugement suivant :

Le Tribunal reçoit Olinde Rodrigues reconventionnellement demandeur;

Et statuant tant sur la demande reconventionnelle, que sur la demande principale de Barrault et consorts ;

En ce qui touche la demande principale :

Attendu que, quelle que soit la dénomination qui doive être donnée aux rapports qui ont existé entre les parties, il est résulté de ces rapports une communauté d'intérêts et de propriété entre ces parties;

Attendu qu'une procuration a été donnée par les demandeurs à O. Rodrigues, pour faire en son nom et au leur des emprunts, à l'effet de subvenir aux dépenses communes, et que par suite de cette procuration, diverses obligations dont le produit est entré dans la caisse de la communauté, ont été souscrites par le mandataire, tant en son nom personnel qu'à celui des mandans, ses communistes;

Attendu qu'Olinde Rodrigues, voulant faire cesser, en ce qui le concerne, l'état de communauté, était fondé à recourir aux mesures conservatoires propres à empêcher la disparition des papiers nécessaires pour établir sa situation particulière à l'égard des autres communistes, et des valeurs communes dans lesquelles il peut lui revenir une part, et qui doivent d'ailleurs être employées au paiement des obligations par lui personnellement contractées dans l'intérêt commun;

Qu'ainsi, c'est avec raison qu'Olinde Rodrigues a été autorisé par l'ordonnance de référé, à faire apposer les scellés sur les meubles, papiers, registres, caisse et bibliothèques dont il s'agit;

En ce qui touche la demande reconventionnelle ;

Attendu que la communauté établie entre O. Rodrigues et les demandeurs, n'avait pour objet ni des opérations de banque, ni la fabrication, l'achat ou la vente de marchandises, ni aucune autre entreprise commerciale; qu'elle avait pour unique objet de mettre en commun les ressources personnelles des associés et celles des personnes *qu'on pourrait attirer dans la société*, à l'effet de subvenir aux dépenses des membres de la communauté et des frais de propagation *d'une prétendue* doctrine religieuse;

Qu'en conséquence la communauté dont il s'agit n'est point une association commerciale, et que le Tribunal est compétent pour connaître de la demande en dissolution et en liquidation de cette communauté;

Attendu au fond , que d'après l'art. 815 du Code civil, nul n'est tenu de rester dans l'indivision ;

Attendu d'ailleurs qu'à supposer que la communauté dont il s'agit dût être considérée comme une véritable société, cette société aurait été formée pour un temps illimité ; que dès-lors, et aux termes de l'art. 1869 du Code civil, la volonté d'Olinde Rodrigues suffirait pour opérer la dissolution et la mise en liquidation de la communauté à son égard ;

Le Tribunal déboute les parties de Delangle de leur demande ;

Faisant droit sur la demande reconventionnelle d'Olinde Rodrigues, et sans avoir égard à l'exception d'incompétence proposée par les parties de Delangle, dont elles sont déboutées ;

Déclare dissoute, à l'égard d'Ol. Rodrigues, la communauté formée entre lui et le sieur Chevalier, et consorts ; ordonne qu'à la diligence d'Ol. Rodrigues, ou de toute autre partie intéressée, et en présence de toutes les parties ou elles dûment appelées , il sera procédé à la levée des scellés par le juge-de-paix de l'arrondissement, et par M⁰ Foucher, notaire , à l'inventaire des objets mobiliers, registres et papiers dépendant de ladite communauté, pour ledit inventaire fait et rapporté , être par les parties requis et par le Tribunal ordonné ce qu'il appartiendra, dépens réservés.

Imprimerie de PIHAN DELAFOREST, rue des Bons-Enfans , n°. 34.